AF488645

Al compás de la soledad

Recopilación especial.

María Alejandra García Mogollón

García Mogollón, María Alejandra
Al compás de la soledad.
Recopilación especial 2007 al 2017.
Bogotá, Páginas de Agua Editorial
50 pp.; 14 x 21 cm.
ISBN 978-958-48-3165-1

Portada, diseño y diagramación:
Páginas de Agua Editorial, 2018
Corozal, Sucre.

www.paginasdeagua.com

paginasdeagua@gmail.com

Tel: 316 6435439

Esta es una recopilación especial de todas las publicaciones a lo largo de 10 años.

Dedicatoria:

A mi madre, por tantas veces que su mano se posa en mis lágrimas y las ahuyenta con la valentía de su alma, sigue enseñándome a ser mujer libre, inquieta y fuerte.

A mi padre, en tantos momentos que han sumado mi historia con él, con su ejemplo permite que sonría después de la tempestad.

A mis hermanas y hermano, cuyas vidas dan luz y alegría a la mía.

A la poesía, a los autores por trazar el camino por recorrer, sobre todo a José Luis Díaz Granados, por creer en mí como poeta. Al maestro, escritor y padre de la ciencia ficción en Colombia, Antonio Mora Vélez, por permitirme soñar con su ficción.

Índice

DEL AMOR Y OTRAS SOLEDADES

AL COMPÁS DE LA SOLEDAD

En las sombras contemplo
una llama,
mientras el alma arde al compás de
la soledad.

TUS COLUMNAS

Con fuerza, abrazo tus columnas, donde

solías apoyarte y darle paso al hervor de las

pieles, reposó nuestro cielo sobre ellas y hoy

el infierno las desgasta entre cristales

donados por la desesperación.

Entre distancias infinitas se encuentra la

oscuridad de la luz, analogía presente entre

lo que soy y lo que tú vez de mí. Y mientras

la mente divaga entre el pasado y el

presente se suprime el futuro.

PALPITAR DE SOMBRAS

A media asta te veo cortado por un
espumoso veneno se perpetuó tu sombra.
 Flotas con la palpitante en un instante
regalado al agua.
 Brisa de labios pasean el contorno del
vientre, recorren los cocoteros soportado
por el festín de las palmeras.
 Latidos de mañanas frescas giran con
olores caídos, entre el cielo tejido por
sábanas y suelo cubierto de pieles:
dueñas de mar y arenas solitarias en las
puntas ante vientos de palabras mecidas
por la placida devoción del amante.

PLUMAS Y EL LEÓN

Han pasado siete lunas y la tarde nunca
llegará.
En el día siete se cumple una la noche del
espejo.
Ante ti, postrada con siete plumas,
sostenidas por mí pico adolorido y las alas
desnudas con este frío en el espejo,
sostenías al mundo con una rosa blanca
prisionera de tus dientes.

Muerte a la tristeza, cumpliría hoy
un día más. El rugido del León
hambriento de soledad ha
despertado a la tristeza.
Mi alma perdió la llama, se apagó la voz.

Alas mutiladas por el silencio, un plumaje
descolorido, las hojas del árbol me
abrazaban el invierno me desprendió.

El árbol mira al horizonte con el rugido del León detrás de sí Danzo cerca al nido presa del temor las garras del León esperan esparcir colores en el árbol con el polvo de mis plumas.

Ésta mirada de pájaro herido acompaña a mi cuerpo en las frías sábanas en busca del reflejo de aquellas ramas que un día fueron siete, hoy dejaron de ser mi hogar.

LAMENTO NO SER

Por años te esperé.
Construiste la choza de palabras en el
desierto.

Lamento no ser la que habita en aquella
casa, en el calor de tus palabras, el no
poder cambiar el inicio de esa travesía.
Amanecería calmando tú sed, derramando
en tus labios el vino con él que te
humedecía desde mi pecho y me
entregaría en medio del silencio, hasta que
el tiempo se detenga.

No hay resignación en el recuerdo, de
esos lazos que se enredan en tu cabello,
inundando todo con tú aroma, mi piel
que fue solo tuya, mientras explorabas y
bebías de mi locura, yo arranqué tus
demonios y los alojé en mí.
No deseo dejártelos.

Es lo único que me

pertenece ahora, y si son

tuyos, los quiero.

LA SOMBRA DEL PAYASO JUEGA CON TUS CABELLOS

Vi tú payaso detrás de la luna, con él los
otros personajes han bajado por la cuerda
de luz, hasta llegar al mar.
Ninguno sigue las instrucciones.
Perecen sus voces bajo la luna.

Al niño del pasado que hurga en ti
No le gustan la soledad ni los amaneceres.
Sabes que él no está orgulloso del presente,
sólo quiere seguir en la construcción del
eterno castillo de arena. Y tú siempre
regresas para aplastar las palabras dichas
en la oscuridad.
He visto a los caballos desbocados en las
ciudades, los inquietos animales perdidos
en el perfume de cualquier mujer y el
desenfreno en las nubes que habitas,
consumes y te consumen.

Leí todas las dedicatorias a quien te regresa
del soufflé que te contiene.
Pero esa noche, fui uno de tus
personajes, moviste los dedos y me
ofreciste a mitad de la noche
convertida en una moneda prestada
al hermano necesitado con placeres
compartidos decidiste mi destino.
Caí en un suelo con millones de pequeños
rostros reían a carcajadas como el payaso
de tus cuentos Sonreías frente a todos y me
perdí en la sombra de ese payaso para no
salir a amar de nuevo.

RÉQUIEM

Sobrevivo sin horizonte,
sin complejas formas de vida
y sin la más tierna postura de mujer.
Sigo siendo ínfima ante el viento y ante tu
enigmática mirada como el primer día.
Combato al tiempo con inútiles anhelos
de juventud.
Mientras la piel teje los ramalazos de la
soledad, el alma interpreta el más profundo
Réquiem,
las cuerdas se encargan de llevar la dulzura
de la muerte, los vientos anuncian el
inevitable deceso. Y aún sin que una voz
intervenga se perciben los más lúgubres
lamentos del alma.

PARPADOS SECOS

Están frías las sábanas, contagiadas de tus

perfumes.

Sigues, caes en luces de

parpados ciegos. No puedes

notarlo   el espejo

borró mi recuerdo.

Amanecen vacías las arcas las

voces profundas se lo han

llevado todo.

En las sombras el hijo del miedo

confiesa sus risas cómplices.

AL FINAL DEL CREPÚSCULO

Al instante del desenfreno,

observo tus pupilas, aún más que

en el alba

y sólo las veo reposar como al

final del crepúsculo,

hasta que depositas tus preciosas

gemas vertiginosas dentro de mí

sagrado aposento de tú

heredad.

HABITAR LA SOMBRA

He querido habitar la sombra de tus labios,
aplastar al silencio punzante en la
suavidad de mis dedos, pasear al viento
por las fisuras del pasado perder las
mentiras como canicas debajo de la
mesa.
Las ramas caen fuera, mis brazos no
pueden alcanzar la soledad anidada en
la punta de tus cabellos.

Lejos, habitas en los huesos te siento
escondido en las fibras dentro de las
sombras detrás de mí, debajo de la noche.

DESTERRADAS DE VIENTO

Quiero ahogarme debajo de las manos

alguien que pueda escuchar este

torrente de soledad que habita el interior

de un profundo mar que desemboca en

el Hades.

-      Solo es mi ser flotando en la sangre de mi

alma.

LÚGUBRES MONÓLOGOS DE MUJER

Silencio y tiempo lentamente te devoran.

Piedad es ausente ante tus manos, entre tormentas, aminorando tú ser, lúgubres monólogos son arrojados al viento, completando el inescrutable círculo de tu existencia.

Lecho marital cómplice patíbulo del verdugo, idealizado a tu compañía.

Despojada de ternura, a ignominioso objeto reducida, concibiendo este silencio, más cálido que susurros punzantes vividos ante el umbral constante, contemplando la caída del crepúsculo intentando resarcir el hasta ahora... sufrimiento al filo del ocaso.

VIENTO

En solitario lecho que habito, implacable encuentro con el viento dejando solo tu recuerdo que salpica de tristeza al cuerpo inocente entre tus manos, mientras este leve viento acaricia sin permiso, lo que te pertenece. Anhelamos... nuestra inmensidad cuando la irrumpe el viento, en sublime placer al ínfimo contacto pues ese soplo de vida cualquier fuego aviva induciendo la explosión al alba absorbiéndolo todo en donde ni el viento puede habitar.

ÚLTIMO

Vientos impregnados de soledad

acompaña la oscuridad.

Escribir para romperle los lazos al camino.

Apagar suspiros con sueños.

La pálida noche vigila, contando

las lágrimas incrustadas, en

recuerdos que se anidan detrás

de los ojos.

Enseñas a extrañar los gemidos

del viento y lo que

abandonaste por la soledad.

Creíste en el árbol y en la noche.

Creíste que las sábanas no te reprocharían

el cambio de piel.

Muéstrame que no todo se lo han

llevado los dioses del olvido, que las

paredes no suenan al caer y el viento es

azul al tacto de nuestros jadeantes sexos.

Permíteme observarte sostenido de una

rosa, con tu cuerpo suplicante.

He discutido con la noche, y he perdido tu
sonrisa.
Voltearemos las historias de los antiguos
buscaremos el diluvio perdido de nuestros
días de soledad.

DEDOS DE COLORES Y ARENA

Una línea del río me divide fue ignorada en cada paso.

Cielos grises, lecho frío, montañas protectoras han construido la lágrima constante, paciente, humedecen mis dedeos de colores y arena, ellos me muestran que también soy mar sin ser Caribe, soy tierra sin volver a comer pasto, soy columnas de viento sin dejar escapar al miedo.

Con sueños de cantos de ruiseñor suelto la voz caída en el pedregal, ante los ojos de tantos dueños de mi tiempo, amarro las palabras como castigo de haber comido tantas hojas.

ANHELO

Levemente mezo la

cortina, a la espera de un

rostro amable que pueda

vislumbrar más allá de la

ventana, naufragios

persistentes en el alma

brindando un instante de

calor a este solitario lecho

moribundo.

CON UN PAÍS A LA ESPERA

REFLEJO DEL OLVIDO

Reflejo: - Me divierto con las telas
desprendidas de sus manos, que
recubren el cielo con ventanas
empañadas.

Olvido: - Miro tus sombras, quebradas por el
silencio.
Viento jadeante anidado en el espejo de tu
sombra.
Mira al pasado-
Reflejo: - Entregas cadenas de tierra
envueltas con paciencia, cubiertas
con heridas de guerra.
De la catedral al acertijo. Cae Babilonia.
Consumidos en la verdad
montículos de quienes no
sollozan más y no
enmudecen, no tienen
más.

Olvido: - Alimenta los pliegues
de la carne, tendida al medio
día sobre otra lápida de pieles
después del jardín.
ufanas encima de la noche recuerdos de
soledad. desciendes firme en el hielo, se
incrusta el miedo en la base de la voz, la
corriente del suspiro muere con viento
impiden el nacimiento del anhelo.

Reflejo: - Perdí el anhelo y el suspiro.
Quedó el caos provocado en quietud.
Enmudezco. Lejos de
la cordura, Manchas
en el pañuelo y
condenados a manos
sin rostro.

Olvido: - ¿Esperas poder dormir esta
noche? las cabezas se incrusten en
los parpados, remolinos de tristeza
consumen la calma de labios.

TEJEDORAS DE LA MEMORIA

*En memoria de madres que
perdieron a sus hijos reportados como
falsos positivos en Sucre.*

Las veo llegar sostenidas por un hijo de vida
con sus miedos tejidos sobre el lienzo, en
medio de la plaza exhiben cielo, montañas,
caminos bordados de recuerdos donde
habitan sus hijos como puntos grises
perdidos en la noche.

Las bancas del parque las recibe, sentadas
las madres retoman el lienzo siguen el tejido
de recuerdos:
con un dedo señalan el color del tejido

de sus labios se escucha el nombre de su
hijo.
Respiran, sollozan las verdades del silencio
de voces con etiquetas falaces.

Punto a punto retoman la labor
en el lienzo quedan caminos dejados por sus
hijos.

Ellas unen sus manos con lazos de piedad,
cantan a ritmo de tambor la plegaria,
aglomeran palabras del regreso a la vida.

Ellas lo saben,
son tiempos falsos de espera inútil, de días
que no vendrán sin la mancha de la verdad.

Brisa y niebla ocultan los senderos de
regreso,
reconstruyen los pasos invisibles de
presencias abatidas por la impunidad.
Huellas coloridas habitaron los días de
espera

manta de silenciosos puntos, arrancan
suspiros humedecidos por el miedo.

Hilos de lamentos sonoros, son trenzados en
los dedos de madres huérfanas de hijos, en
la costa curvada por tierra y agua.

Ellas lo saben, son tiempos falsos, tierra
arada con trofeos en manos de los llamados
héroes de ropas manchadas.
Nadie las consuela, ni el rostro inerte de sus
hijos abatidos, ni palabras amarradas con
esperanzas.
Son parte de las listas, de
numerosos cuerpos en las filas de
la muerte.

SENTENCIA

Aterrador escenario espigado por la eternidad, aloja allí a las innumerables almas sin destino y sin fin; confundidas, atrapadas con incesante codicia y abrumadora desesperación, albergando en sus recuerdos pavorosos episodios de la morada terrenal, confrontándose entre los confines del odio y la locura, la fascinación y la espera del acto de redención inexistente en el crepúsculo, transitado ya, sin retorno, mientras Sílfide, dulce ninfa, recorre los bosques con nimia sutileza y premeditada indolencia, ignorando el dulce susurro de sus condenados, que por un fuego abrasador son consumidos una y otra vez.

Y así, la sentencia eterna: lo que en vida no se logra destruir, después de la muerte esgrime para la dulce satisfacción de sus más temidos verdugos.

EXTRAÑA

Volteas, ¿Qué ves?
tú alma caminando en un recuadro de
bruma o tiernas pieles tendidas en medio de
los huesos. Volteas añadiendo más dudas al
perfecto final ideado para facilitar la
digestión de tú propia sangre.

Te ves apoyada en túneles con enormes
manos sabes usurpar las baldosas de la
tempestad quebrantándote sin desboronar
la guarida.

Loba cardenal bañada con palabras
alquiladas mutilada con recuerdos y
arrojada por montículos de tristeza.

En blanco está el recuerdo y el reflejo
delante de sí con una niña más
aplaudiendo furtivamente

en aras de aplastar la sombra

enemiga.

Pacta con tu cielo y aborda más de 114

palabras al viento.

Recupera tú sombra anidada en la

soledad.

MEMORIAS

Se conservan palabras

anidadas en el más

intangible de los sueños...

los recuerdos revolotean

entre dedos clavados en

el pecho; desangrando

las teclas del piano

          y así

inmortalizar el alma de los hombres.

COGITO ERGO ¡BOOM!

No están las paredes tatuadas por muchas
manos
ni las rejas, ni los campos, tampoco los muros
de las escuelas, ni las mentes, ni las voces,
son habitadas por la sangre de sueños sin
nombres, ni recuerdos, borrados de la
memoria.

Dueños de palabras plácidas se soportan
en el silencio de todos.
Callamos.
Entiendo el miedo a perder a aplastar los
días de manos atadas, Yo no temo a los
lacerados, a leer el tiempo, a escribir:
Cogito.

Temo borrar de mi memoria los ríos negros
ante la luna, los lamentos en tiempos
caídos a aquellos soportan los días vacíos

los cuerpos aplazados de tantos años de

espera.

Temo limpiar del camino, las huellas

de los borrados: Ergo

Escribimos piezas de circo como diversión

de grandes señores.

Temo evitar la verdad, acostumbrar mis ojos

al horror

de escritos en paredes manchadas: ¡BOOM ¡

IMPUNIDAD

Sobre frías y húmedas tierras reposas,

inanimado,

cobijado de injusticia con tu conciencia

ausente

abatido por las sombras van transcurriendo

por su cuerpo el tedio de las horas

mientras un ejército de pequeños habitantes

marcha implacable, arrebatando a su paso

lo que dejo tu verdugo

sin reclamos,

    ni sollozos

      y tu alma expectante anhela la

victoria sobre la impunidad.

Sobre la autora

Ma. Alejandra García Mogollón

Doctora en Ciencias de la Educación, Universidad Dr. Rafael Belloso Chacín – Venezuela.

Directora, locutora y productora en programa Radial Cafeletreando, desde 2007. Embajadora de Buena Voluntad de la Organización Internacional Mi Libro Hispano.
Directora de talleres de escritura y jurado en la segunda fase del Concurso Nacional de Cuento RCN y el Ministerio de Educación de Colombia, 2008 al 2017.
Invitada al Cuarto encuentro de Mujeres Poetas del Caribe colombiano, Córdoba 2017.
Soprano en el Estudio Coral de Bogotá, 2016.
Directora del Coro Santanderista, Colegio Francisco de Paula Santander, proyecto Distrital Canta Bogotá Canta, 2017.
Soprano en el proyecto 1000 Voces por la Paz.
El Consejo Académico y directivo de las organizaciones gremiales de prensa del país otorgó:
Condecoración honorífica Obelisco Dorado Categoría el Apuleño 50 años Fenalprensa de la Magna Cruz Bolivariana de por labor y su obra en Colombia y Latinoamérica en la poesía, la música y el periodismo en el capitolio Nacional, 2016.
Jurado de la convocatoria "Beca para la publicación de libros inéditos de interés regional" 2015, del Ministerio de Cultura de Colombia.
Ponencia "Relata Nodo Oriente contra el olvido y la indiferencia." en el marco del I Encuentro de programas de Creación literaria y Escrituras creativas de las Américas. Marzo, 2015.
Sus textos poéticos han sido publicados en una antología en Colombia, en revistas nacionales e internacionales y leídos en programas radiales en Argentina.
Finalista en el concurso de microrelatos de la Revista Oveja Negra en Argentina, 2009.
Participó en las Antologías: Laberintos del gallinero, En 1 millón de Poemas por la paz.
Coordinó un proyecto de recuperación de la memoria en el Oriente colombiano y el libro Contra el olvido y la indiferencia, 2015 en el marco de la Red Relata y Mincultura.
Invitada al XI Encuentro de Escritores del Caribe Colombiano, Sahagún 2011.
Directora de talleres literarios adscritos a Ministerio de Cultura en Corozal y Sincelejo, 2008 al 2013.
Promotora de talleres de escritura en la Fundación Laberinto desde 2007 al 2013.
Coordinó programas de apoyos a Talleres Literarios en la Red Relata de Mincultura en el Caribe y Oriente colombiano en los años 2013 y 2014.
Directora de un taller en el programa Palabras Justas (FUNDALECTURA) y el INPEC con un taller de escritura con población del programa Justicia Y Paz en la cárcel de Montería. Directora de dos talleres para internos e internas, en el programa Libertad Bajo Palabra en la cárcel la Vega de Sincelejo desde el año 2009 al 2014.

www.ingramcontent.com/pod-product-compliance
Lightning Source LLC
Chambersburg PA
CBHW020942160726
47993CB00007B/2890